Portuguese Short Stories for Beginners

Book 3

Over 100 Dialogues and Daily Used Phrases to Learn Portuguese in Your Car. Have Fun & Grow Your Vocabulary, with Crazy Effective Language Learning Lessons

LEARN LIKE A NATIVE

www.LearnLikeNatives.com

TABLE OF CONTENT

INTRODUCTION

Before we dive into some Brazilian Portuguese, I want to congratulate you, whether you're just beginning, continuing, or resuming your language learning journey. Here at Learn Like a Native, we understand the determination it takes to pick up a new language and after reading this book, you'll be another step closer to achieving your language goals.

As a thank you for learning with us, we are giving you free access to our 'Speak Like a Native' eBook. It's packed full of practical advice and insider tips on how to make language learning quick, easy, and most importantly, enjoyable. Head over to LearnLikeNatives.com to access your free guide and peruse our huge selection of language learning resources.

Learning a new language is a bit like cooking—you need several different ingredients and the right technique, but the end result is sure to be delicious. We created this book of short stories for learning Brazilian Portuguese because language is alive. Language is about the senses—hearing, tasting the words on your tongue, and touching another culture up close. Learning a language in a classroom is a fine place to start, but it's not a complete introduction to a language.

In this book, you'll find a language come to life. These short stories are miniature immersions into the Brazilian Portuguese language, at a level that is perfect for beginners. This book is not a lecture on grammar. It's not an endless vocabulary list. This book is the closest you can come to a language immersion without leaving the country. In the stories within, you will see people speaking to each other, going through daily life situations, and using the most common, helpful words and phrases in language. You are holding the key to bringing your Brazilian Portuguese studies to life.

Made for Beginners

We made this book with beginners in mind. You'll find that the language is simple, but not boring. Most of the book is in the present tense, so you will be able to focus on dialogues, root verbs, and understand and find patterns in subject-verb agreement.

This is not "just" a translated book. While reading novels and short stories translated into Brazilian Portuguese is a wonderful thing, beginners (and even novices) often run into difficulty. Literary licenses and complex sentence structure can make reading in your second language truly difficult—

not to mention BORING. That's why Brazilian Portuguese Short Stories for Beginners is the perfect book to pick up. The stories are simple, but not infantile. They were not written for children, but the language is simple so that beginners can pick it up.

The Benefits of Learning a Second Language

If you have picked up this book, it's likely that you are already aware of the many benefits of learning a second language. Besides just being fun, knowing more than one language opens up a whole new world to you. You will be able to communicate with a much larger chunk of the world. Opportunities in the workforce will open up, and maybe even your day-to-day work will be improved. Improved communication can also help you expand your business. And from a neurological perspective, learning a second language is like taking your daily vitamins and eating well, for your brain!

How To Use The Book

The chapters of this book all follow the same structure:

- A short story with several dialogs
- A summary in Brazilian Portuguese
- A list of important words and phrases and their English translation
- Questions to test your understanding
- Answers to check if you were right
- The English translation of the story to clear every doubt

You may use this book however is comfortable for you, but we have a few recommendations for getting the most out of the experience. Try these tips and if they work for you, you can use them on every chapter throughout the book.

1) Start by reading the story all the way through. Don't stop or get hung up on any particular words or phrases. See how much of the plot you can understand in this way. We think you'll get a lot more of it than you may expect, but it is completely normal not to understand everything in the story. You are learning a new language, and that takes time.

2) Read the summary in Brazilian Portuguese. See if it matches what you have understood of the plot.

3) Read the story through again, slower this time. See if you can pick up the meaning of any words or phrases you don't understand by using context clues and the information from the summary.

4) Test yourself! Try to answer the five comprehension questions that come at the end of each story. Write your answers down, and then check them against the answer key. How did you do? If you didn't get them all, no worries!

5) Look over the vocabulary list that accompanies the chapter. Are any of these the words you did not understand? Did you already know the meaning of some of them from your reading?

6) Now go through the story once more. Pay attention this time to the words and phrases you haven't understand. If you'd like, take the time to look them up to

expand your meaning of the story. Every time you read over the story, you'll understand more and more.

7) Move on to the next chapter when you are ready.

Read and Listen

The audio version is the best way to experience this book, as you will hear a native Brazilian Portuguese speaker tell you each story. You will become accustomed to their accent as you listen along, a huge plus for when you want to apply your new language skills in the real world.

If this has ignited your language learning passion and you are keen to find out what other resources are available, go to LearnLikeNatives.com, where you can access our vast range of free learning materials. Don't know where to begin? An excellent place to start is our 'Speak Like a Native' free eBook, full of practical advice and insider tips on how to make language learning quick, easy, and most importantly, enjoyable.

And remember, small steps add up to great advancements! No moment is better to begin learning than the present.

FREE BOOK!

Get the *FREE BOOK* that reveals the secrets path to learn any language fast, and without leaving your country.

Discover:

- The **language 5 golden rules** to master languages at will

- Proven **mind training techniques** to revolutionize your learning

- A complete step-by-step guide to **conquering any language**

CHAPTER 1
The Car / emotions

HISTÓRIA

Quentin está **interessado** em carros. Ele olha fotos de carros. Ele lê sobre carros a noite toda, todas as noites. Quando ele está **entediado**, ele olha o Instagram. As contas que ele segue são todas sobre carros.

A namorada de Quentin é a Rashel. Rashel acha a obsessão de Quentin **divertida**. Carros não lhe interessam.

Quentin tem um carro. Quentin dirige um Honda Accord 2000. Seu carro é verde. Quentin se sente constrangido pelo seu carro. Ele quer um carro legal. Ele quer um carro para dirigir pela cidade com Rashel. Ele sonha com carros bons, carros caros. Ele quer um carro grande. Carros pequenos são sem graça.

Ultimamente, Quentin olha para seu telefone o tempo todo. Quando Rashel olha para ele, Quentin esconde o telefone.

— Quentin, por que você esconde o telefone de mim? — pergunta Rashel.

— Por nada — diz Quentin.

— Isso não é verdade! — diz Rashel.

— Juro que é! — diz Quentin.

— Então me deixe ver a tela — diz Rashel.

— Não é nada — diz Quentin. — Esquece.

Rashel está **desconfiada**. Quentin está escondendo algo.

Uma noite, Rashel faz o jantar. O telefone de Quentin toca. Ela não conhece o número. Quentin atende o telefone.

— Alô? Ah. Vou te ligar mais tarde — diz Quentin. Ele desliga.

— Quem é? — diz Rashel.

— Ninguém — diz Quentin.

— É uma menina? — pergunta Rashel. Ela está **enciumada**.

— Não, não é — diz Quentin.

— Então quem é? — pergunta Rashel.

— Ninguém — diz Quentin.

— Por que você não me diz? — pergunta Rashel.

Ele está tão bravo. Quentin sai da casa. Ele deixa a comida na mesa. Ela esfria. Rashel está **triste**. O jantar é um desperdício. Rashel liga para sua amiga. Elas falam sobre o jantar. A amiga de Rashel acha que Quentin está com outra menina. Rashel **não tem certeza**. Quentin está escondendo algo. Ela tem certeza.

Quentin senta em seu carro. Ele abre seu laptop. Ele pesquisa anúncios de carros usados. Há carros baratos e carros caros. Ele está **esperançoso**. Ele procura um carro que seja um bom negócio. Ele tem um pouco de dinheiro. Ele e Rashel economizam dinheiro. Eles o usam para sair de férias. Este ano, Quentin quer um carro, não férias.

Ele vê um anúncio sobre um carro velho. O carro é do ano de 1990. O carro é um Jeep. O modelo é um Grand Wagoneer. Ele está **curioso** sobre o carro. Nenhum carro se parece com este. Ele tem madeira do lado de fora. Quentin acha isso legal.

O Quentin liga para o número do anúncio.

— Alô — diz um homem.

— Olá — diz o Quentin. — Estou ligando por causa do carro.

— Qual carro? — pergunta o homem.

— O Jeep — diz Quentin. — Eu fico com ele.

— Ok — diz o homem.

— Vou buscá-lo amanhã — diz Quentin.

— Ok! — diz o homem. Ele desliga o telefone.

Quentin volta para casa. Ele se sente **culpado**. O jantar está frio. Ele come mesmo assim. Ele está **nervoso**. O que Rashel vai pensar sobre o carro?

No dia seguinte, Quentin busca o carro. Quentin ama o carro novo. Seu carro é um Jeep Grand Wagoneer 1990. É um carro grande. Tem painéis de madeira nas laterais.

Quentin dirige até em casa. O carro tem 120.000 quilômetros. Tem cerca de 30 anos. O carro está em muito bom estado. Tudo funciona. O interior está como novo. O carro novo de Quentin é especial. Ele não se sente **envergonhado** por dirigi-lo. Pelo contrário, ele se sente **orgulhoso** dirigindo pela cidade. Como não amar?

Ele bate na porta. Rashel a abre.

— Rashel — diz ele. — Veja! — Quentin aponta para o carro.

— Você tem um carro novo? — ela pergunta.

— Sim — diz Quentin. Ele convida Rashel para andar no carro. Os dois dirigem pela cidade. Quentin dirige devagar. Muitas pessoas olham para o carro. É um carro especial. Vários homens parecem ficar **com inveja**. Eles querem um carro legal. Quentin está finalmente feliz.

Quentin passa todos os dias com o Jeep. Ele dirige. Às vezes ele não tem para onde ir. Ele só dirige pela cidade. Ele ama o carro. Ele se sente **confiante** no Jeep. Ele passa todas as noites limpando o carro. Ele dá polimento nas portas e janelas todas as noites. Rashel espera por ele. Ele está atrasado para o jantar. Isso deixa Rashel **enfurecida**. Ela odeia o Jeep Wagoneer. Ela acha que Quentin ama o carro mais do que ela. Ela diz isso a Quentin e ele diz a ela para não ser **burra**. Ele lhe dá um abraço **carinhoso**. Ele quer mostrar a ela que ela está errada.

No sábado, Rashel e Quentin vão ao supermercado. Quentin dirige o carro. As janelas estão abertas. Quentin usa óculos escuros. Ele parece **confiante** e seguro de si mesmo. Ele estaciona o carro. Os dois entram no supermercado.

Eles vão comprar frutas.

— Quentin, você pode pegar quatro maçãs? — pergunta Rashel. Quentin vai pegar as frutas. Ele retorna. Mas ele tem quatro laranjas.

— Quentin, eu disse maçãs! — diz Rashel.

— Sim, eu sei — diz Quentin.

— Isso são laranjas! — diz Rashel.

— Oh, desculpe — diz Quentin. Ele está **distraído**. Ele não consegue se concentrar.

— O que há de errado? — pergunta Rashel.

— Nada — diz Quentin.

— Em que você está pensando? — ela pergunta.

— Em nada — diz Quentin. Ele tem um olhar **ansioso**. Ele tem um olhar **preocupado** nos olhos.

— Você está pensando no carro? — pergunta Rashel.

— Não — diz Quentin.

— Sim, você está! Eu sei! Vá pegar as maçãs — diz Rashel. Ela está **determinada** a fazer Quentin prestar atenção. Quentin volta com as maçãs. Ele as coloca no carrinho. Eles terminam de fazer compras. Quentin está quieto. Ele parece **retraído**. Eles vão para o carro.

O estacionamento está cheio. Quentin inspeciona o jipe com cuidado. Ele tem medo de encontrar marcas ou arranhões. Uma porta de carro deixa marcas quando bate em outra porta. Agora há muitos carros. Ele não vê nenhum arranhão. Quentin abre o carro. Ele entra.

Rashel coloca as compras no carro. Ela devolve o carrinho para a loja. Ela abre a porta e entra.

— Quentin, eu estou **infeliz** — diz ela. Ela está chorando.

— O quê? — diz Quentin. Ele está **surpreso**. O que está errado?

— Você só se importa com o carro — diz Rashel.

— Isso não é verdade — diz Quentin.

— Você não me ajuda a fazer nada — diz Rashel.

— Eu ajudo! Eu me importo com você — diz Quentin.

— Se você se importa comigo, venda esse carro — diz Rashel.

RESUMO

Quentin quer um carro novo. Ele esconde sua pesquisa de sua namorada, Rashel. Ela pergunta quem está ligando. Ela pergunta o que ele está olhando. Mas Quentin mantém sua busca em segredo. Quentin encontra um carro que ele ama. Ele finalmente está feliz. No entanto, ele é muito obcecado com o carro. Rashel fica com ciúmes. Quentin não pode se concentrar na mercearia. Ele está preocupado que alguém vai arranhar o carro. Quentin não ajuda Rashel com as compras. Ela fica com raiva. Ela diz a Quentin que ele deve escolher entre ela e o carro.

LISTA DE VOCABULÁRIO

Interested	Interessado
Bored	Entediado
Amused	Divertido
Suspicious	Desconfiado
Embarrassed	Constrangido
Jealous	Enciumado
Angry	Bravo
Sad	Triste
Hopeful	Esperançoso
Curious	Curioso
Guilty	Culpado

Nervous	Nervoso
Ashamed	Envergonhado
Proud	Orgulhoso
Envious	Com inveja
Happy	Feliz
Enraged	Enfurecido
Stupid	Burro
Loving	Carinhoso
Confident	Confiante
Distracted	Distraído
Anxious	Ansioso
Worried	Preocupado
Determined	Determinado

Withdrawn	Retraído
Miserable	Infeliz
Suprised	Surpreso

PERGUNTAS

1) O que Quentin pensa sobre seu carro no início da história?

    a) ele o ama

    b) ele fica constrangido

    c) é novo demais

    d) é caro demais

2) Por que Rashel fica com brava no jantar?

    a) ela acha que uma menina está ligando para Quentin

    b) ela tem fome

    c) Quentin está atrasado

    d) O Quentin esqueceu de comprar pão

3) O que Quentin faz no supermercado?

a) ele paga por tudo

b) ele pega laranjas em vez de maçãs

c) ele derrama leite

d) ele presta atenção em Rashel

4) O que Quentin pensa sobre seu carro novo?

a) é novo demais

b) é pequeno demais

c) ele tem orgulho do carro

d) ele tem vergonha do carro

5) No final da história, Quentin e Rashel:

a) se beijam

b) fazem as pazes

c) saem da loja

d) tem uma briga

RESPOSTAS

1) O que Quentin pensa sobre seu carro no início da história?

    b) ele fica constrangido

2) Por que Rashel fica brava no jantar?

    a) ela acha que uma menina está ligando para Quentin

3) O que Quentin faz no supermercado?

    b) pega laranjas em vez de maçãs

4) O que Quentin pensa sobre seu carro novo?

    c) ele tem orgulho do carro

5) No final da história, Quentin e Rashel:

    d) ter uma briga

Translation of the Story

The Car

STORY

Quentin is **interested** in cars. He looks at pictures of cars. He reads about cars all night, every night. When he is **bored**, he scrolls through Instagram. The accounts he follows are all about cars.

Quentin's girlfriend is Rashel. Rashel is **amused** by Quentin's obsession. Cars do not interest her.

Quentin has a car. Quentin drives a 2000 Honda Accord. His car is green. Quentin feels **embarrassed** by his car. He wants a cool car. He wants a car to drive around town with Rashel. He dreams of nice cars, expensive cars. He wants a big car. Small cars are boring.

Lately, Quentin looks at his phone all the time. When Rashel looks at it, Quentin hides the phone.

"Quentin, why do you hide the phone from me?" asks Rashel.

"No reason," says Quentin.

"That's not true!" says Rashel.

"I promise it is!" says Quentin.

"Then let me see the screen," says Rashel.

"It's nothing," says Quentin. "Forget about it."

Rashel is **suspicious**. Quentin is hiding something.

One night, Rashel makes dinner. Quentin's phone rings. She does not know the number. Quentin answers the phone.

"Hello? Oh. I will call you later," says Quentin. He hangs up.

"Who is it?" says Rashel.

"Nobody," says Quentin.

"Is it a girl?" asks Rashel. She is **jealous**.

"No it is not," says Quentin.

"Then who is it?" asks Rashel.

"Nobody," says Quentin.

"Why won't you tell me?" asks Rashel.

He is so **angry**; Quentin walks out of the house. He leaves the food on the table. It gets cold. Rashel is **sad**. The dinner is a waste. Rashel calls her friend. They talk about the dinner. Rashel's friend thinks Quentin is with another girl. Rashel is unsure. Quentin is hiding something. She is sure.

Quentin sits in his car. He opens his laptop. He searches adverts for second-hand cars. There are cheap cars and expensive cars. He is **hopeful**. He looks for a car that is a good bargain. He has a little money. He and Rashel save money. They use it for vacation. This year, Quentin wants a car, not a vacation.

He sees an advert about an old car. The car is from the year 1990. The car is a Jeep. The model is a Grand Wagoneer. He is **curious** about the car. No cars look like this car. It has wood on the outside. Quentin thinks that is cool.

Quentin calls the number on the advert.

"Hello," says a man.

"Hello," says Quentin. "I am calling about the car."

"Which car?" asks the man.

"The Jeep," says Quentin. "I'll take it."

"Ok," says the man.

"I'll come get it tomorrow," says Quentin.

"Ok!" says the man. He hangs up the phone.

Quentin goes back to the house. He feels **guilty**. Dinner is cold. He eats it anyway. He is **nervous**. What will Rashel think about the car?

The next day, Quentin gets the car. Quentin loves the new car. His car is a 1990 Jeep Grand Wagoneer. It is a big car. It has wood panels along the side.

Quentin drives to the house. The car has 120,000 kilometers. It is about 30 years old. The car is in very good condition. Everything works. The interior is like new. Quentin's new car is special. He does not feel **ashamed** driving. On the contrary, he feels **proud** driving through town. What is not to love?

He knocks on the door. Rashel opens it.

"Rashel," he says. "Look!" Quentin points at the car.

"You have a new car?" she asks.

"Yes," says Quentin. He invites Rashel to ride. The two drive around town. Quentin drives slow. Many people stare at the car. It is a special car.

Several men look **envious**. They want a cool car. Quentin is finally **happy**.

Quentin spends every day with the Jeep. He drives it. Sometimes he has nowhere to go. He just drives around town. He loves the car. He feels **confident** in the Jeep. He spends every evening cleaning the car. He polishes the doors and windows every night. Rashel waits for him. He is late for dinner. This makes Rashel **enraged**. She hates the Jeep Wagoneer. She thinks Quentin loves the car more than he loves her. She tells Quentin this and he tells her not to be **stupid**. He gives her a **loving** hug. He wants to show her she is wrong.

On Saturday, Rashel and Quentin go to the supermarket. Quentin drives them. The windows are down. Quentin wears sunglasses. He looks **confident** and sure of himself. He parks the car. The two go into the supermarket.

They shop for fruit.

"Quentin, can you get four apples?" asks Rashel. Quentin goes to get the fruit. He returns. But he has four oranges.

"Quentin, I said apples!" says Rashel.

"Yeah, I know," says Quentin.

"These are oranges!" says Rashel.

"Oh, sorry," says Quentin. He is **distracted**. He cannot concentrate.

"What is wrong?" asks Rashel.

"Nothing," says Quentin.

"What are you thinking about?" she asks.

"Nothing," says Quentin. He has an **anxious** look. He has a **worried** look in his eyes.

"Are you thinking about the car?" asks Rashel.

"No," says Quentin.

"Yes you are! I know it! Go get me some apples," says Rashel. She is **determined** to make Quentin pay attention. Quentin brings back the apples. He puts them in the cart. They finish grocery shopping. Quentin is quiet. He seems **withdrawn**. They go to the car.

The parking lot is full. Quentin inspects the Jeep carefully. He is **afraid** of marks or scratches. A car door leaves marks when it hits another door. There are many cars now. He does not see any scratches. Quentin unlocks the car. He gets in.

Rashel puts the groceries in the car. She returns the cart to the store. She opens the door and gets in.

"Quentin, I am **miserable**," she says. She is crying.

"What?" says Quentin. He is **surprised**. What is wrong?

"You only care about the car," says Rashel.

"That's not true," says Quentin.

"You don't help me do anything," says Rashel.

"I do! I care about you," says Quentin.

"If you care about me, sell this car," says Rashel.

CHAPTER 2
Going to A Meeting / telling time

Thomas deixa seu prédio. É um belo dia. O sol brilha. O ar é fresco. Thomas tem uma reunião importante hoje. Thomas é o CEO de uma empresa. Hoje ele se reúne com novos investidores. Ele está preparado para a reunião. Ele se sente relaxado.

São **oito horas da manhã**. Thomas caminha pelas ruas da cidade. Ele está adiantado. Ele quer ter **tempo** a mais. Não quer chegar atrasado. Ele não quer estressar.

Thomas vive em uma cidade grande. Há prédios altos por toda parte. Táxis passam por ele. Muitos carros passam. Thomas gosta de andar. Às vezes ele pega o metrô.

Thomas quer tomar café da manhã. Ele para em um café. O café está tranquilo. Tem música tocando. Thomas quer um bolinho.

— O que você gostaria? — pergunta a barista.

— Um bolinho, por favor — diz Thomas.

— De mirtilo ou chocolate? — pergunta a barista.

— De mirtilo, por favor — diz Thomas.

— Algo para beber? — pergunta a barista.

— Um café — diz Thomas.

— Preto? — pergunta a barista.

— Não, com um pouco de creme — diz ele.

— Para levar? — pergunta a barista. Thomas olha para o seu relógio. São **oito e meia**. Ele tem tempo.

— Para tomar aqui — diz Thomas. Ele se senta e come. Ele observa as pessoas passarem. Thomas olha para seu relógio novamente. São nove horas **em ponto**. Ele se levanta. Thomas joga fora o lixo e vai ao banheiro. Ele tira o relógio para lavar as mãos. Seu relógio é de ouro e ele não gosta de molhá-lo. Seu telefone toca.

— Alô — diz Thomas.

— O senhor está no escritório? — pergunta a secretária de Thomas.

— Ainda não — diz Thomas. — Estou a caminho.

Ele deixa o café. Thomas caminha em direção ao metrô. Ele tem tempo, então não precisa pegar um táxi. Ele olha para o relógio novamente. Mas seu relógio não está no seu pulso. Thomas entra em pânico. Ele pensa no que fez essa manhã. Ele deixou o relógio em casa? Não. Ele se lembra de tirar o relógio e lavar as mãos. O relógio está no café.

Thomas corre de volta para o café.

— Com licença — ele diz à barista.

— Você tem com um relógio de ouro? — Ele pergunta.

— Só um **segundo** — diz a barista. Ela pergunta aos colegas. Ninguém tem o relógio.

— Não — diz a barista. Thomas vai ao banheiro. Ele olha pela pia. O relógio não está lá. Alguém tem o relógio, pensa Thomas. Ele não tem mais tempo para procurar.

— Com licença — diz ele à barista outra vez.

— **Que horas são?** — ele pergunta.

— **Dez e nove da manhã** — diz a barista.

— Obrigado — diz Thomas. Thomas se apressa. Ele tem a reunião às **quinze para** as onze. Ele corre para a parada do metrô. Há uma longa fila para comprar passagens. Ele espera por cinco **minutos.**

— Você tem horas? — Thomas pergunta a uma mulher.

— São dez **e trinta** — diz ela. Thomas está atrasado. Ele deixa a longa fila. Ele vai para a rua. Ele acena para um táxi. Todos os táxis estão ocupados. Finalmente, um táxi para. Thomas entra no táxi.

— Para onde você está indo? — pergunta o motorista.

— Para a 116th com a Park — diz Thomas.

— Ok — diz o motorista.

— Por favor, vá rápido — diz Thomas. — Preciso chegar **a tempo** para uma reunião.—

— Sim, senhor — diz o motorista.

Thomas chega ao escritório. Ele sai do táxi e sobe as escadas. Sua secretária diz olá. Thomas está suado!

— Senhor, a reunião é **em uma hora** — diz o secretário. Thomas limpa o suor do rosto.

— Ótimo — diz Thomas. Ele se prepara para a reunião. Sua camisa está suada. Cheira mal. Thomas decide comprar uma camisa nova para a reunião.

Thomas vai à loja na mesma rua.

— Olá, senhor — diz a vendedora. — Como podemos ajudá-lo?

— Preciso de uma camisa nova — diz Thomas. A vendedora leva Thomas para ver as camisas. Há camisas rosas, camisas marrons, camisas listradas e camisas xadrezes. A vendedora fala muito. Thomas está nervoso por causa do horário.

— **Que horas são?** — Thomas pergunta à vendedora.

— É **quase meio-dia** — diz a vendedora.

— Ok — diz Thomas. — Quero a camisa marrom. — A vendedora leva a camisa marrom para a caixa registradora. Ela dobra a camisa. Ela **não tem pressa.**

O telefone de Thomas toca. É sua esposa.

— Querida, jantamos às sete **da noite** — diz ela.

— Está bem, querida — diz o Thomas. — Não posso falar agora.

— Ok — diz ela. — Só não quero que você chegue em casa às nove **da noite**.

— Não se preocupe — diz Thomas.

— Tchau — diz sua esposa. Thomas desliga o telefone.

— Desculpe — diz Thomas. — Estou com pressa. Não precisa embrulhar a camisa.

— Ok — ela diz. Thomas paga e sai da loja. Ele muda de camisa enquanto caminha pela rua. As pessoas olham. Ele corre para o escritório.

— **Já estava na hora** — diz sua secretária quando ele entra. Eles estão esperando na sala de reunião. Os investidores se sentam em torno da mesa. Thomas diz olá.

— Gosto da sua camisa, Thomas — diz um dos investidores.

— Obrigado — diz Thomas. — Ela é nova. — Thomas põe o telefone na mesa e liga o computador.

— Obrigado por terem vindo — diz Thomas. — Tenho uma apresentação. Tem cerca de quinze minutos de duração.

Thomas se vira para sua secretária. — Que horas são?

— São **doze e quinze** — diz ela.

— Obrigado — diz Thomas. — Meu relógio sumiu.

— Por que você não vê as horas no seu telefone? — diz um dos investidores.

— Claro — diz Thomas. Ele está tão acostumado com seu relógio que esquece que pode ver as horas no telefone!

— Eu devo ser a última pessoa no mundo a usar apenas relógio **para ver as horas** — diz Thomas. Todo mundo ri.

RESUMO

Thomas começa seu dia com tempo de sobra. Ele toma café da manhã e relaxa. Ele vai ao banheiro e deixa seu relógio no banheiro. Quando ele percebe, ele volta para o café. O relógio sumiu. Agora ele precisa perguntar a todos que horas são.

Ele chega tarde ao escritório. Felizmente, sua reunião é adiada em uma hora. Ele sai para comprar uma camisa nova. Isso leva mais tempo do que ele espera. Ele corre para a reunião. Quando ele pergunta as horas novamente, ele percebe que poderia simplesmente ver as horas no seu telefone. A reunião começa.

LISTA DE VOCABULÁRIO

It is ____ o'clock	São _____ horas
In the morning	Da manhã
Time	Tempo
Half past ____	____ e meia
On the dot	Em ponto
Second	Segundo
What time is it?	Que horas são?
____ oh _____	____ e _____
A.m.	Da manhã
A quarter to _____	Quinze para _____
Minutes	Minutos
Do you have the time?	Você tem horas?

____ thirty	____ e trinta
On time	A tempo
In an hour	Em uma hora
What's the time?	Que horas são?
Nearly	Quase
Noon	Meio-dia
Takes her time	Não tem pressa
P.m.	Da tarde/da noite
At night	Da noite
About time	Já estava na hora
____ minutes long	____ minutos de duração
____ fifteen	____ 15
Tell the time	Ver as horas

PERGUNTAS

1) Por que Thomas perde seu relógio?

    a) Ele cai

    b) Ele deixa um estranho segurá-lo

    c) Ele faz uma aposta

    d) Ele o tira para lavar as mãos

2) Onde vive Thomas?

    a) em uma pequena cidade

    b) em uma cidade com poucos meios de transporte

    c) em uma cidade grande

    d) na zona rural

3) Thomas tem sorte porque:

    a) ele tem bons colegas de trabalho

b) sua reunião é adiada

c) o metrô não está cheio

d) ele não perde seu relógio

4) Thomas diz à vendedora para não embrulhar a camisa porque:

a) ele está atrasado para a sua reunião

b) o suor em sua camisa está aparecendo

c) sua esposa espera no telefone

d) ele odeia desperdiçar sacolas

5) Todo mundo ri no final da história porque:

a) a camisa de Thomas está suada

b) Thomas está envergonhado

c) Thomas esquece que se pode ver as horas no telefone

d) Thomas perde seu relógio.

RESPOSTAS

1) Por que Thomas perde seu relógio?

   d) Ele o tira para lavar as mãos

2) Onde vive Thomas?

   c) em uma cidade grande

3) Thomas tem sorte porque:

   b) a sua reunião é adiada

4) Thomas diz à vendedora para não embrulhar a camisa porque:

   a) Ele está atrasado para a sua reunião

5) Todo mundo ri no final da história porque:

   c) Thomas esquece que se pode ver as horas no telefone

Translation of the Story

Going to A Meeting

STORY

Thomas leaves his apartment building. It is a beautiful day. The sun shines. The air is fresh. Thomas has an important meeting today. Thomas is the CEO of a company. Today he meets with new investors. He is prepared for the meeting. He feels relaxed.

It is **eight o'clock in the morning**. Thomas walks down the city street. He is early. He wants extra **time**. He does not want to be late. He does not want to stress.

Thomas lives in a big city. There are tall buildings everywhere. Taxis drive by. Lots of cars drive by.

Thomas likes to walk. Sometimes he takes the subway.

Thomas wants to eat breakfast. He stops at a café. The café is relaxed. Music plays. Thomas wants a baked good.

"What would you like?" asks the barista.

"A muffin please," says Thomas.

"Blueberry or chocolate?" asks the barista.

"Blueberry, please," says Thomas.

"Anything to drink?" asks the barista.

"A coffee," says Thomas.

"Black?" asks the barista.

"No, with a bit of cream," he says.

"To go?" asks the barista. Thomas looks at his watch. It is **half past eight.** He has time.

"For here," says Thomas. He sits down and eats. He watches people walk by. Thomas looks at his watch again. It is nine o'clock **on the dot**. He gets up. Thomas throws out the trash and goes to the bathroom. He takes off his watch to wash his hands. His watch is gold and he doesn't like to get it wet. His phone rings.

"Hello," says Thomas.

"Sir, are you at the office?" asks Thomas's secretary.

"Not yet," says Thomas. "I'm on my way."

He leaves the coffee shop. Thomas walks towards the subway. He has time, so he doesn't need a taxi. He looks at his watch again. But his watch is not there. Thomas feels panic. He thinks back over the morning. Did he leave it at home? No. He remembers taking off the watch and washing his hands. The watch is at the coffee shop.

Thomas runs back to the coffee shop.

"Excuse me," he says to the barista.

"Do you have a gold watch?" he asks.

"Just a **second**," says the barista. He asks his colleagues. No one has the watch.

"No," says the barista. Thomas goes to the bathroom. He looks by the sink. The watch is not there. Someone has the watch, Thomas thinks. He has no time to look any more.

"Excuse me," he says to the barista again.

"**What time is it?**" he asks.

"**Ten oh nine a.m.**" says the barista.

"Thanks," says Thomas. Thomas hurries. He has the meeting at a quarter to eleven. He rushes to the subway stop. There is a long line to buy tickets. He waits for five **minutes**.

"Do you have the time?" Thomas asks a woman.

"It's ten **thirty**," she says. Thomas is late. He leave the long line. He goes to the street. He waves for a taxi. All the taxis are full. Finally, a taxi stops. Thomas gets into the taxi.

"Where are you going?" asks the driver.

"To 116th and Park," says Thomas.

"Ok," says the driver.

"Please hurry," says Thomas. "I need to be **on time** for a meeting."

"Yes, sir," says the driver.

Thomas arrives to the office. He runs out of the taxi and up the stairs. His secretary says hello. Thomas is sweaty!

"Sir, the meeting is now **in an hour**," says the secretary. Thomas wipes the sweat off his face.

"Good," says Thomas. He prepares for the meeting. His shirt is sweaty. It smells bad. Thomas decides to buy a new shirt for the meeting.

Thomas goes to the store down the street.

"Hi, sir," says the salesperson. "How can we help you?"

"I need a new dress shirt," says Thomas. The salesperson takes Thomas to see the shirts. There are pink shirts, brown shirts, checked shirts, and plaid shirts. The salesperson talks a lot. Thomas is nervous about the time.

"**What's the time?**" Thomas asks the salesperson.

"It's **nearly noon**," says the salesperson.

"Ok," says Thomas. "Give me the brown shirt." The salesperson takes the brown shirt to the cash register. She folds the shirt. She **takes her time**.

Thomas's phone rings. It is his wife.

"Honey, we have dinner at seven **p.m.**," she says.

"Ok, dear," says Thomas. "I can't really talk right now."

"Ok," she says. "I just don't want you to come home at nine o'clock **at night**."

"Don't worry," says Thomas.

"Bye," says his wife. Thomas hangs up the phone.

"Excuse me," says Thomas. "I'm in a hurry. I don't need the shirt wrapped."

"Ok," she says. Thomas pays and leaves the store. He changes his shirt as he walks down the street. People stare. He hurries to the office.

"It's **about time**," says his secretary when he walks in. They are waiting in the meeting. The investors sit around the table. Thomas says hello.

"I like your shirt, Thomas," says one of the investors.

"Thanks," says Thomas. "It is new." Thomas sets his phone down and turns on his computer.

"Thank you for coming," says Thomas. "I have a presentation. It is about fifteen minutes long."

Thomas turns to his secretary. "What time is it?"

"It is **twelve fifteen**," she says.

"Thanks," says Thomas. "My watch is missing."

"Why don't you look at your phone for the time?" says one of the investors.

"Of course," says Thomas. He is so accustomed to his watch that he forgets he can look at the phone for the time!

"I must be the last person in the world to only use a watch to **tell the time**," says Thomas. Everyone laughs.

CHAPTER 3
Lunch with The Queen / to be, to have + food

HISTÓRIA

Ursula **é** uma jovem. Ela vive em Londres, Inglaterra. Ela estuda na escola. Ela adora cozinhar. Ela tem uma obsessão: a família real. Ela quer **ser** princesa.

Uma noite, Ursula está em casa. Sua mãe prepara seu jantar. Eles têm algo novo. Sua mãe traz o prato para a mesa.

— O que **são** essas coisas?— pergunta Ursula.

— São alho-poró — diz a mãe da Ursula.

— Ah, eu não gosto de alho-poró — diz Ursula.

— Experimente — diz a mãe. Ela experimenta. Ela quase vomita.

— **Estou** me sentindo mal — diz Ursula.

— Não, você não está — diz a mãe dela.

— Por favor, me dê qualquer outro **legume** — diz Ursula. — **Cenoura, brócolis, salada**?

— Ah, Ursula, então coma a sua **carne** — diz a mãe dela. Ela liga a televisão. Elas assistem às notícias. A reportagem é sobre a rainha da

Inglaterra. Ursula para de comer. Ela presta muita atenção.

— A rainha Elizabeth reina na Inglaterra há 68 anos — diz a reportagem. — Ela é casada com o Príncipe Phillip. Eles têm quatro filhos.

A reportagem fala sobre a rainha. Ela vive no Palácio de Buckingham. Ela é muito saudável, apesar de sua idade.

— Quero visitar o Palácio de Buckingham — diz Ursula.

— Sim, querida — diz sua mãe. Elas assistem ao programa. O programa anuncia uma competição especial. Uma pessoa pode ganhar uma visita ao Palácio de Buckingham. O vencedor vai **almoçar** com a rainha. Ursula dá um grito.

— Eu **tenho que** ganhar! — ela berra.

— Não sei — diz a mãe. — Muitas pessoas entram no concurso.

Ursula assiste ao programa. Ela aprende como entrar no concurso. Ela tira uma foto de si mesma comendo. Depois ela a publica nas redes sociais. Ela assiste ao programa, que fala sobre comer com a rainha. Ela assiste a eles mostrando o que aconteceu com um príncipe do Sul do Pacífico Sul.

A rainha está em um barco com o príncipe. Eles servem a **sobremesa**. O príncipe se esquece de observar a rainha. Ele pega algumas **uvas** e algumas **cerejas** das **frutas** sobre a mesa e as coloca em sua tigela. Ele derrama **creme de leite** sobre elas. Ele **polvilha** açúcar por cima. Ele começa a comer, e então percebe que a rainha não começou. Ele faz um grande erro. A rainha pega sua colher. Ela come um pouco. Isso faz o príncipe se sentir melhor. Ele está muito envergonhado.

— Há regras para comer com a rainha? — ela pergunta à mãe.

— Claro — diz sua mãe.

— Como o quê? — pergunta Ursula.

— Bem, a rainha inicia a **refeição** e termina a refeição — diz a mãe de Ursula.

— Você quer dizer que ninguém pode comer até que ela comece — diz Ursula.

— Isso mesmo — diz sua mãe. — E quando ela termina, todos também terminam.

— E se você não tiver terminado? — pergunta Ursula.

— Você termina — diz a mãe. — E você tem que esperar que a rainha se sente.

— Antes de sentar? — diz a Ursula.

— Certo — diz sua mãe. Ursula pensa sobre aquilo. Há muitas regras se você é rainha ou princesa. Ursula e sua mãe terminam de jantar. Elas vão para a cama.

Na manhã seguinte, Ursula acorda. Ela está nervosa com o concurso. Hoje eles anunciam a vencedora. Ela toma **café da manhã** com sua mãe.

— Estou nervosa — diz ela.

— Ursula, você não vai ganhar — diz sua mãe. — Tantas pessoas estão no concurso.

— Ah — diz Ursula. Ela está triste. Ela come seu **cereal**. Ela não tem fome. Seu **bacon** e **ovos** ficam no prato.

Eles ligam a televisão.

— E anunciamos o vencedor do Concurso Almoço Com A Rainha — diz o homem na TV. Ele coloca a mão em uma enorme tigela de vidro cheia de papéis. Ele revira os papéis com as mãos. Ele puxa um papel. Ele abre o papel.

— E a vencedora é... Ursula Vann! — diz ele.

Ursula olha para a mãe. A mãe olha para ela.

— Você ouviu isso? — ela pergunta. Sua mãe faz que sim com a cabeça, olhando fixamente para ela. Sua boca está aberta.

— Eu ganhei? — ela pergunta. A mãe faz que sim com a cabeça, sem palavras.

— Urrú! — grita Ursula. — Eu sabia que ia ganhar! Eu vou ver a rainha! — Ursula termina de comer e vai para a escola.

O dia seguinte é o dia do almoço com a rainha. Ursula caminha até o palácio. Ela está apavorada. Ela é apenas uma menina. É uma grande aventura para uma menina tão nova.

— Quem é você? — pergunta um guarda.

— Ursula Vann — diz ela. — Eu ganhei o concurso para almoçar com a rainha.

— Ah, olá, mocinha — o guarda diz. — Você é uma garotinha muito bonita. Entre.

— Obrigada — diz ela.

Um guarda a leva para o palácio. Ele é majestoso e muito grande. Eles andam pelos corredores. O guarda tem um chapéu engraçado. Ursula ri. Então, ela para. Eles estão na sala de jantar.

A rainha da Inglaterra está sentada à mesa! Há um prato de **sanduíches** na frente dela. Ela é pequena. Ela está feliz e está sorrindo.

— Olá, querida — diz ela.

— Olá, Vossa Majestade — diz Ursula. Ela faz uma reverência.

— Obrigada por ter vindo almoçar — diz ela.

— O prazer é meu Vossa **Majestade** — diz Ursula.

— Espero que não se importem. Vamos tomar **chá** em vez de almoçar — diz a rainha. Ela se senta novamente. Ursula se lembra das boas maneiras. Ela também se senta.

Os sanduíches são sanduíches reais, ela pensa. No entanto, eles se parecem muito com sanduíches de casa. Alguns têm **presunto** e **queijo**, com um pouco de **mostarda** amarela. Outros têm salada de **maionese**. Há um prato de **biscoitos** ao lado de alguns **pãezinhos**.

— Perdoe-me, Vossa Majestade — diz Ursula.

— Sim, querida? — diz a rainha.

— O que tem naquele sanduíche? — ela pergunta.

— Ah, esse é o meu favorito — diz a rainha. — Sanduíche de **salada** de alho-poró.

— Ah, alho-poró — diz Ursula. Ela se sente enjoada. A rainha alcança um. Ela morde.

— Coma um, querida — diz a rainha.

— Obrigada, Vossa Majestade — diz Ursula. Ela pega um sanduíche de alho-poró. Ela sente seu estômago revirar. Ela dá uma mordida enorme, porque está muito nervosa. Seu rosto fica branco, depois verde.

— Você está bem, querida? — pergunta a rainha. — Você parece doente.

— E-e-eu estou bem — diz Ursula. Ela sente seu estômago revirando. Ela sente que vai vomitar. Ela não consegue impedir que o alho-poró suba pela sua garganta. Pelo menos ela seguiu as outras regras para almoçar com a rainha, ela pensa. Ninguém jamais disse nada sobre vomitar.

RESUMO

Ursula é uma menina. Ela vive em Londres, Inglaterra. Ela é obcecada com a família real. Ela janta com sua mãe e vê televisão. Na TV, eles anunciam um concurso. O vencedor poderá almoçar com a própria rainha. Ursula entra no concurso. No dia seguinte, no café da manhã, anunciam a vencedora. É Ursula! Ela vai ao Palácio de Buckingham para almoçar. Ela segue as regras para comer com a rainha. A rainha preparou sanduíches especiais. Infelizmente, salada de alho-poró não é a comida favorita de Ursula. Ela se sente mal quando vê a rainha comer o sanduíche.

LISTA DE VOCABULÁRIO

Is	É/está
Has	Tem/come/toma
To be	Ser/estar
Have	Têm/comem/tomam
Are	São
Leeks	Alho-poró
Am	Sou/estou
Vegetable	Legume
Carrot	Cenoura
Broccoli	Brócolis
Salad	Salada
Lunch	Almoço

Have to	Tem que
Dessert	Sobremesa
Grapes	Uvas
Cherries	Cerejas
Fruit	Fruta
Cream	Creme de leite
Sugar	Açúcar
Meal	Refeição
Breakfast	Café da manhã
Cereal	Cereal
Egg	Ovo
Bacon	Bacon
Sandwiches	Sanduíches

Tea	Chá
Ham	Presunto
Cheese	Queijo
Mustard	Mostarda
Cookies	Biscoitos
Scones	Pãezinhos
Salad	Salada

PERGUNTAS

1) O que acontece quando Ursula experimenta alho-poró pela primeira vez?

   a) ela ama o alho-poró

   b) sua mãe queima o alho-poró

c) ela quase vomita

d) ela não percebe

2) Qual é a regra quando você come com a rainha da Inglaterra?

a) você não deve comer até que ela comece

b) você deve usar azul

c) você deve comer sanduíches

d) você deve se sentar antes dela

3) O que a mãe da Ursula pensa sobre o concurso?

a) Ursula tem chance de ganhar

b) é falso

c) a rainha não deveria se envolver

d) Ursula nunca vai ganhar

4) O que a rainha come no almoço?

a) um bom assado

b) salmão, seu favorito

c) biscoitos e sanduíches

d) é segredo

5) Qual das seguintes afirmações é verdadeira?

a) Ursula sai no meio do almoço

b) Ursula não consegue controlar a sua reação ao alho-poró

c) a rainha fez os sanduíches ela mesma

d) sanduíches não são boa comida para o almoço

RESPOSTAS

1) O que acontece quando Ursula experimenta alho-poró pela primeira vez?

    c) ela quase vomita

2) Qual é a regra quando você come com a rainha da Inglaterra?

    a) você não deve comer até que ela comece

3) O que a mãe da Ursula pensa sobre o concurso?

    d) Ursula nunca vai ganhar

4) O que a rainha come no almoço?

    c) biscoitos e sanduíches

5) Qual das seguintes afirmações é verdadeira?

b) Ursula não consegue controlar sua reação ao alho-poró

Translation of the Story

Lunch with The Queen

STORY

Ursula **is** a young girl. She lives in London, England. She studies at school. She loves to bake. She **has** an obsession: the royal family. She wants **to be** a princess.

One night, Ursula is at home. Her mother prepares her dinner. They **have** something new. Her mother brings the plate to the table.

"What **are** those?" asks Ursula.

"These are **leeks**," says Ursula's mom.

"Oh, I don't like leeks," says Ursula.

"Try them," says her mom. She tries them. She almost vomits.

"I **am** sick," says Ursula.

"No, you are not," says her mom.

"Please, give me any other **vegetable**," says Ursula. "**Carrots, broccoli, salad**?"

"Oh, Ursula, just eat your **meat** then," says her mom. She turns on the television. They watch the news. The report is about the Queen of England. Ursula stops eating. She pays close attention.

"Queen Elizabeth reigns in England for 68 years," says the news report. "She is married to Prince Phillip. They have four children."

The news report talks about the Queen. She lives in Buckingham Palace. She is very healthy, despite her age.

"I want to visit Buckingham Palace," says Ursula.

"Yes, dear," says her mom. They watch the program. The program announces a special competition. One person can win a visit to Buckingham Palace. The winner will eat **lunch** with the queen. Ursula screams.

"I **have to** win!" she shouts.

"I don't know," says her mom. "Many people enter the contest."

Ursula watches the program. She learns how to enter. She takes a picture of herself eating. Then she posts it on social media. She watches the program, which talks about eating with the Queen. She watches as they show what happened to a prince from the South Pacific.

The Queen is on a boat with the prince. They serve **dessert**. The prince forgets to watch the Queen. He takes some **grapes** and some **cherries** from the **fruit** on the table and puts them in his bowl. He pours **cream** over them. He sprinkles **sugar** on top. He starts to eat, and then he realizes the Queen has not. He makes a big mistake. The Queen takes her spoon. She eats a bit. That makes the prince feel better. He is very embarrassed.

"There are rules to eat with the Queen?" she asks her mom.

"Of course," says her mom.

"Like what?" asks Ursula.

"Well, the Queen begins the **meal** and ends the meal," says Ursula's mom.

"You mean you can't eat until she does," says Ursula.

"That's right," says her mom. "And when she finishes, you finish, too."

"What if you aren't finished?" asks Ursula.

"You are," says her mom. "And you must wait for the Queen to sit."

"Before you sit?" says Ursula.

"Right," says her mom. Ursula thinks about this. There are lots of rules if you are queen or princess. Ursula and her mom finish dinner. They go to sleep.

The next morning, Ursula wakes up. She is nervous about the contest. Today they announce the winner. She eats **breakfast** with her mom.

"I am nervous," she says.

"Ursula, you won't win," says her mom. "So many people are in the contest."

"Oh," says Ursula. She is sad. She eats her **cereal**. She is not hungry. Her **bacon** and **eggs** sit untouched.

They turn on the television.

"And we announce the winner of the Lunch with the Queen Contest," says the man on the TV. He puts his hand into a huge glass bowl full of papers. He moves his hand around. He pulls out a paper. He opens the paper.

"And the winner is...Ursula Vann!" he says.

Ursula looks at her mom. Her mom looks at her.

"Did you hear that?" she asks. Her mom nods, staring. Her mouth is open.

"Did I win?" she asks. Her mom nods, speechless.

"Woo-hoo!" shouts Ursula. "I knew I would! I'm going to see the queen!" Ursula finishes her food and goes to school.

The next day is the day for lunch with the Queen. Ursula walks up to the palace. She is terrified. She is only a young girl. This is a big adventure for such a young girl.

"Who are you?" asks a guard.

"Ursula Vann," she says. "I won the contest to have lunch with the Queen."

"Oh, hello, young lady," the guard says. "You are a pretty young lass. Come in."

"Thank you," she says.

A guard takes her to the palace. It is grand, and very big. They walk through the halls. The guard has a funny hat. Ursula giggles. Then, she stops. They are in the dining room.

The Queen of England is sitting at the table! There is a plate of **sandwiches** in front of her. She is small. She is happy, and she is smiling.

"Hello, dear," she says.

"Hello, your majesty," Ursula says. She courtsies.

"Thank you for coming to lunch," she says.

"It is my pleasure, your **Majesty**," says Ursula.

"I hope you don't mind. We will be having **tea** instead of a proper lunch," says the Queen. She sits again. Ursula remembers her manners. She sits, too.

The sandwiches are royal sandwiches, she thinks. They look a lot like sandwiches from home, though. Some have **ham** and **cheese**, with a yellow bit of **mustard**. Others have a **mayonnaise** salad on them. There is a plate of **cookies** next to some **scones**.

"Pardon me, your Majesty," says Ursula.

"Yes, dear?" says the Queen.

"What is on that sandwich?" she asks.

"Oh, that's my favorite," says the Queen. "Leek **salad** sandwich."

"Oh, leeks," says Ursula. She feels sick. The Queen reaches for one. She takes a bite.

"Have one, dear," says the Queen.

"Thank you, your Majesty," says Ursula. She takes a leek sandwich. She can feel her stomach turn. She takes a huge bite because she is so nervous. Her face turns white, then green.

"Are you alright, dear?" asks the Queen. "You look quite unwell."

"I- I- I'm fine," says Ursula. She feels her stomach turning. She feels as if she will vomit. She can't stop the leeks from coming back up her throat. At least she followed the other rules for eating lunch with the Queen, she thinks. Nobody ever said anything about vomiting.

CONCLUSION

You did it!

You finished a whole book in a brand new language. That in and of itself is quite the accomplishment, isn't it?

Congratulate yourself on time well spent and a job well done. Now that you've finished the book, you have familiarized yourself with over 500 new vocabulary words, comprehended the heart of 3 short stories, and listened to loads of dialogue unfold, all without going anywhere!

Charlemagne said "To have another language is to possess a second soul." After immersing yourself in this book, you are broadening your horizons and opening a whole new path for yourself.

Have you thought about how much you know now that you did not know before? You've learned everything from how to greet and how to express your emotions to basics like colors and place words. You can tell time and ask question. All without opening a schoolbook. Instead, you've cruised through fun, interesting stories and possibly listened to them as well.

Perhaps before you weren't able to distinguish meaning when you listened to Brazilian Portuguese. If you used the audiobook, we bet you can now pick out meanings and words when you hear someone speaking. Regardless, we are sure you have taken an important step to being more fluent. You are well on your way!

Best of all, you have made the essential step of distinguishing in your mind the idea that most often hinders people studying a new language. By approaching Brazilian Portuguese through our short stories and dialogs, instead of formal lessons with just grammar and vocabulary, you are no longer in the 'learning' mindset. Your approach is much more similar to an osmosis, focused on speaking and using the language, which is the end goal, after all!

So, what's next?

This is just the first of five books, all packed full of short stories and dialogs, covering essential, everyday Brazilian Portuguese that will ensure you master the basics. You can find the rest of the books in the series, as well as a whole host of other resources, at LearnLikeNatives.com. Simply add the book to your library to take the next step in your language learning journey. If you are ever in need of new ideas or direction, refer to our 'Speak Like a Native' eBook, available to you for free at LearnLikeNatives.com, which clearly outlines practical steps you can take to continue learning any language you choose.

We also encourage you to get out into the real world and practice your Brazilian Portuguese. You have a leg up on most beginners, after all—instead of pure textbook learning, you have been absorbing the sound and soul of the language. Do not underestimate the foundation you have built reviewing the chapters of this book. Remember, no one feels 100% confident when they speak with a native speaker in another language.

One of the coolest things about being human is connecting with others. Communicating with someone in their own language is a wonderful gift. Knowing the language turns you into a local and opens up your world. You will see the reward of learning languages for many years to come, so keep that practice up!. Don't let your fears stop you from taking the chance to use your Brazilian Portuguese. Just give it a try, and remember that you will make mistakes. However, these mistakes will teach you so much, so view every single one as a small victory! Learning is growth.

Don't let the quest for learning end here! There is so much you can do to continue the learning process in an organic way, like you did with this book. Add another book from Learn Like a Native to your library. Listen to Brazilian Portuguese talk radio. Watch some of the great Brazilian Movies. Put on the latest CD from Tom Jobim. Take Samba lessons in Portuguese. Whatever you do, don't stop because every little step you take counts towards learning a new language, culture, and way of communicating.

LEARN LIKE A NATIVE

www.LearnLikeNatives.com

Learn Like a Native is a revolutionary **language education brand** that is taking the linguistic world by storm. Forget boring grammar books that never get you anywhere, Learn Like a Native teaches you languages in a fast and fun way that actually works!

As an international, multichannel, language learning platform, we provide **books, audio guides and eBooks** so that you can acquire the knowledge you need, swiftly and easily.

Our **subject-based learning**, structured around real-world scenarios, builds your conversational muscle and ensures you learn the content most relevant to your requirements. Discover our tools at *LearnLikeNatives.com*.

When it comes to learning languages, we've got you covered!

CPSIA information can be obtained
at www.ICGtesting.com
Printed in the USA
LVHW020316140920
665930LV00020B/926

9 781913 907266